PASCAL SALIN

LIBÉRONS-NOUS !

T0168315

LES BELLES LETTRES
2014

www.lesbelleslettres.com

Retrouvez Les Belles Lettres
sur Facebook et Twitter.

© 2014, Société d'édition Les Belles Lettres
95 bd Raspail 75006 Paris.

ISBN : 978-2-251-23001-6

INTRODUCTION

En décembre 2011, le « Cher Diri-geant » de Corée du Nord, Kim Jong-il, est décédé. Nombreux sont ceux qui ont été surpris en voyant les images des citoyens en pleurs pour avoir perdu leur « leader bien-aimé ». Ce cher leader n'était-il pas l'un des pires dictateurs que la Terre puisse encore porter ? Et la Corée du Nord n'est-elle pas une sorte de résidu des terribles totalitarismes du XXᵉ siècle : répression policière, suppression de toute liberté d'expression, culte de la personnalité, absence de libertés indivi-duelles et donc incapacité à se développer et à améliorer le bien-être des citoyens ? Comment peut-on alors se désoler de la disparition de l'un des grands coupables de cette catastrophe humaine ? Certes, dans tout régime totalitaire il existe des privilégiés et les pleurs qui nous ont été montrés dans les médias expriment peut-être leur peur de perdre leurs privilèges à cause du changement de leader. Mais il y a certainement d'autres explications à cet extraordinaire phénomène.

Vaclav Klaus, devenu président de la République tchèque après avoir connu des décennies de répression communiste et avoir lutté en dissident contre le régime communiste, a expliqué la stabilité apparente et la pérennité des régimes totalitaires. Il estime en effet que ces régimes reposent sur deux piliers : *Fear and Faith*, « la peur et la foi ». Il est évident que la peur est omniprésente dans ces régimes qui reposent sur une forte mobilisation policière, les dénonciations, l'emprisonnement ou la liquidation des opposants. Mais qu'en est-il de la foi ? Aussi paradoxal que cela puisse paraître, elle est souvent profonde et sincère dans les esprits d'une population endoctrinée nuit et jour et qui – dans une ère antérieure à Internet – n'a pas le moyen de savoir que l'on peut « penser autrement ». En témoignent, par exemple, les 500 000 bunkers qui jalonnaient de manière hallucinante la terre de l'Albanie : le régime communiste voulait ainsi rendre concrète et crédible la menace agitée par la propagande officielle, selon laquelle le monde capitaliste – jaloux de la prospérité apportée à l'Albanie par le communisme – était obsédé par le désir d'envahir ce petit pays modèle ! La croyance dans la supériorité du communisme ainsi enracinée dans les esprits a pu nous paraître invraisemblable lorsque, le rideau de fer s'étant abattu, la réalité est apparue : comme nous avons pu personnellement le constater, peu de temps après la chute du communisme, l'Albanie se trouvait dans un état de sous-développement extrême : pas de voitures, pas de légumes frais, de l'eau et de l'électricité quelques heures par jour… tel était le paradis socialiste !

Alors, devant cet aveuglement généralisé des esprits, ne serait-il pas nécessaire de se demander si les Français ne sont pas, toutes proportions gardées, également aveuglés par leurs peurs, soumis à un endoctrinement certes *soft*, mais perpétuel, et donc incapables de « penser autrement » ? Tel est, nous en sommes persuadé, le drame de la vie actuelle des Français et c'est pourquoi il est de notre devoir de leur crier : « Réveillez-vous, comportez-vous en véritables êtres humains, c'est-à-dire des êtres capables d'utiliser leur raison pour maîtriser leurs peurs et leurs croyances, acceptez de penser autrement et d'agir autrement. » En êtres libres et libérés, quittez les rêves qui vous enferment et acceptez, au moins pour un moment, d'explorer un autre chemin. Abandonnez la « route de la servitude » et découvrez « la route de la liberté » qui est aussi une « route de la prospérité ».

Malgré les tabous, il faut l'admettre : le « modèle » français – qui est malheureusement souvent un modèle européen – a fait totalement faillite. Il a abouti à la stagnation économique et au chômage, il a détruit l'espoir, en particulier pour les jeunes, il a engendré de la pauvreté, créé des frustrations et multiplié les fractures dans la société. Au-delà des statistiques économiques, il est à l'origine d'un climat d'angoisse et de tensions sociales. Il est étrange qu'en dépit de cette faillite, la pensée dominante reste immuable et largement acceptée, alors qu'elle est la cause de ce désastre. Certes, il n'est pas facile d'accepter l'idée qu'on a pu se tromper – ou être trompé – aussi lourdement et aussi longtemps. Mais il faut avoir le courage de l'accepter et retrouver, grâce aux ressources de sa raison, les moyens intellectuels d'un nouvel optimisme. Car ces moyens existent si l'on veut bien sortir du prêt-à-penser idéologique, de la démagogie politique et des coûteux replâtrages de politiques économiques inspirées par un pragmatisme de court terme.

Les Français sentent bien qu'autre chose est nécessaire. C'est probablement pour cette raison que la campagne présidentielle de Nicolas Sarkozy en 2007 avait eu un écho favorable auprès d'eux, car elle leur promettait la rupture. Malheureusement, cette rupture n'a pas eu lieu et nous avons eu, bien au contraire, toutes sortes de bricolages destinés à sauver le système du naufrage. Mais le naufrage a eu lieu. Or, il n'est pas suffisant de chercher une excuse dans la crise financière mondiale. Le mal est beaucoup plus profond et beaucoup plus durable, il s'inscrit dans notre histoire de ces dernières décennies. Alors, vous tous qui ressentez de manière plus ou moins consciente le besoin de quelque chose de radicalement nouveau, acceptez de sortir – au moins momentanément – de l'environnement idéologique dans lequel on vous a fait vivre et de rechercher paisiblement les voies d'un monde nouveau. C'est à ce voyage stimulant que les pages suivantes vous invitent. Puissent-elles vous rendre l'espoir et aider à la construction de ce monde nouveau ![1]

---

1. Je remercie, pour leurs fructueuses suggestions sur une version antérieure de ce texte : Jacques Gautron (Alternative libérale) et mes collègues Guido Hülsmann, Georges Lane, Bertrand Lemennicier, Daniel Pilisi et Alain Wolfelsperger).

PRENEZ
VOTRE VIE EN MAIN

Vous êtes un être humain, c'est-à-dire un être capable de choisir ce qui vous semble le mieux pour vous et pour vos enfants, capable de décider des actions à entreprendre, capable, bien sûr, de vous tromper, mais capable également d'apprendre de vos erreurs. En un mot, capable d'être responsable, c'est-à-dire de profiter des conséquences heureuses de vos décisions ou de supporter celles qui ne sont malheureusement pas conformes à vos vœux. Telle est la condition humaine. Alors, soyez donc heureux de partager cette condition humaine, redressez-vous et soyez fiers d'assumer pleinement les actes de votre vie. Soyez responsable et vous progresserez aussi bien du fait de vos succès que de vos échecs. Et n'attendez rien de l'État qui, même si vous n'en êtes pas parfaitement conscient, vous maintient en esclavage.

Reconnaissez-le : s'indigner, revendiquer, tendre la main, tout cela n'est pas digne de vous, enfant de la liberté. Que vous soyez riche ou pauvre, jeune ou âgé, malade ou bien portant, vous avez droit à la liberté et c'est la seule chose que vous puissiez revendiquer. Respectez les autres et leurs droits légitimes et demandez seulement qu'on respecte les vôtres. Vous verrez que dans cette société libérée de toutes ses entraves, la prospérité et la paix fleuriront et, porté par cette Renaissance, vous pourrez progresser et améliorer votre sort.

Dans tous les domaines de votre vie qui sont si importants pour vous, revendiquez le droit de décider vous-même de ce qui semble être le mieux pour vous ou pour vos enfants. Les hommes de l'État – politiciens et bureaucrates – vous disent : « Vous avez droit à la santé, à l'éducation, au logement, ou même aux distractions et à la culture. » Mais, prenant le prétexte de satisfaire ces besoins humains, ils confisquent des décisions qui, par nature, devraient vous appartenir. Parce qu'ils prétendent payer pour ces biens essentiels que vous désirez légitimement, ils décident à votre place de l'école où vont aller vos enfants ou de l'établissement qui s'occupera de vos soins.

Or ce ne sont pas eux qui paient, car les hommes de l'État paient avec votre argent, même si vous n'en êtes pas conscient, puisqu'ils s'arrangent bien souvent pour rendre les prélèvements peu visibles. Mais, pour être peu visibles, ils n'en sont pas moins bien réels. À tout moment, vous payez impôts, taxes et cotisations diverses. Or, cet argent est le fruit de vos efforts et vous devriez légitimement demander à en disposer vous-même librement. N'êtes-vous pas, en effet, mieux que quiconque, capable de choisir vous-même ce qui convient le mieux à vos besoins, qu'il s'agisse de santé, d'éducation, de culture ou de logement ? Vous n'accepteriez pas que votre voisin décide à votre place de ce que vous allez manger demain, car il ne connaît pas vos goûts et il ne sait pas combien vous voulez dépenser pour vos repas. Alors comment peut-il se faire que vous acceptiez, dans des domaines autrement plus importants pour vous, que les décisions soient prises par des individus – politiciens et bureaucrates – qui, eux, ne vous connaissent même pas et qui n'ont d'autre mérite que d'avoir été élus par une majorité de personnes, elles aussi anonymes et inconnues de vous. Mais être élu – bien souvent grâce à des promesses démagogiques qui font croire que des bienfaits vous seront apportés gratuitement, ce qui n'est qu'une imposture – ne constitue évidemment pas un brevet de moralité ou de compétence, ni, bien sûr, de connaissance de vos besoins concrets.

Essayez d'imaginer ce que serait un monde où les hommes de l'État renonceraient à vous fournir tous ces biens et services essentiels et où, par conséquent, vous disposeriez d'un pouvoir d'achat considérablement plus important, ce qui vous permettrait de vous procurer les biens et services en question et de mieux les choisir. N'oubliez pas en effet que les impôts et cotisations sociales absorbent près de la moitié des richesses créées chaque année par le travail de tous. Une grande partie de ces sommes serait disponible pour vous si l'État acceptait de battre en retraite. Peut-être avez-vous du mal à imaginer une telle situation, et cela se comprend, tellement elle est éloignée de ce que vous connaissez. Mais si vous persistez à penser que l'État doit financer – avec votre argent – tout ou partie de ces dépenses importantes pour vous, vous devriez néanmoins accepter comme évidente l'idée suivante : ce n'est pas parce que l'État finance la fourniture de certains biens et services qu'il doit en outre en être le producteur et substituer ses choix aux vôtres.

Prenons pour exemple le cas de l'école. Actuellement, la plupart des écoles sont des écoles publiques. Toutes les décisions importantes concernant, par exemple, le choix des matières enseignées, le contenu des programmes, l'achat des manuels scolaires, l'organisation de l'année scolaire, le recrutement des enseignants, sont prises par des politiciens et des fonctionnaires anonymes et elles s'appliquent à tous les enfants, quels que soient leurs besoins et leur environnement. Pourquoi êtes-vous privé de cette possibilité d'être responsable des choix concernant l'éducation de vos enfants, vous qui avez été capable d'être pleinement responsable pour prendre la décision majeure de faire naître vos enfants ? Ne feriez-vous pas alors un grand pas vers la liberté et la responsabilité si l'État – en tant qu'instrument de financement de l'éducation, mais non producteur de services d'éducation – vous remettait simplement un chèque (ou « bon d'éducation ») que vous pourriez remettre à l'établissement scolaire de votre choix pour payer les études de vos enfants ? Parce que vous auriez la liberté totale de remettre ou, au contraire, de refuser un « bon d'éducation » à un établissement, vous retrouveriez le pouvoir de décision au sujet de l'éducation de vos enfants. Pour pouvoir poursuivre leur activité, les établissements scolaires seraient incités à vous écouter et à donner une éducation plus conforme à vos vœux.

« Reprenons le pouvoir de décider pour nous-mêmes », tel devrait être votre mot d'ordre ! Et ce n'est pas seulement dans le domaine de l'éducation que vous devez reprendre le pouvoir, mais dans tous les domaines où l'État s'est arbitrairement donné un monopole. Ainsi, l'État vous interdit d'utiliser un régime de retraite autre que le régime monopolistique qu'il a mis en place et il vous interdit, par ailleurs, de décider de l'âge auquel vous voudriez prendre votre retraite. Lorsque vous travaillez, vous payez – parfois sans en être conscient – pour la retraite des autres. Plus tard, votre sort dépendra de ce que l'on demandera aux autres de payer pour vous et vous courez donc le grand risque de voir votre niveau de vie s'effondrer si les ressources qui seront alors disponibles deviennent plus rares, comme on a toutes les raisons de le craindre. Mais c'est l'État qui définit arbitrairement ce à quoi vous avez droit, c'est lui qui modifie arbitrairement les règles du jeu, c'est lui qui décide arbitrairement à votre place de l'âge auquel vous devez cesser de travailler. N'est-ce pas une liberté humaine fondamentale que de pouvoir décider soi-même de l'organisation de sa vie ? Et ne serait-il pas plus digne que vous puissiez décider vous-mêmes – en accord avec votre employeur – aussi bien de l'âge auquel vous voulez prendre votre retraite que du nombre d'heures de travail que vous fournissez chaque semaine ? Nous ne sommes pas les abeilles interchangeables d'une grande ruche humaine. Ce serait respecter la dignité humaine que de reconnaître et de respecter la diversité des personnes, la diversité de leurs aspirations et de leurs possibilités.

L'État, malheureusement, prétend corriger les décisions d'autrui et mettre fin ainsi à ce qu'on appelle un peu facilement des « abus ». Vous êtes locataire et vous aimeriez payer un loyer un peu moins élevé ? Vous joignez alors votre voix à celles de tous ceux qui partagent le même sentiment et vous proclamez qu'il faut mettre un terme aux « abus » des propriétaires. Puisque vous êtes électeur, les hommes politiques sont tentés de répondre à vos demandes. Ils vont contrôler les loyers, en interdisant leur augmentation – en dépit de l'inflation – ou en interdisant qu'un propriétaire augmente un loyer lors d'un changement de locataire. Vous êtes satisfait, mais votre satisfaction ne peut être que de courte durée. Comment, en effet, vont réagir légitimement les propriétaires ? La rentabilité de leurs locations étant réduite, ils vont renoncer à effectuer des travaux indispensables et vous vivrez donc dans des conditions de confort amoindries. D'autres vont renoncer à effectuer des investissements immobiliers, de telle sorte qu'il y aura une raréfaction des logements disponibles à la location, ce dont souffriront un grand nombre de personnes désireuses de trouver un logement à louer. De même, si l'État empêche les propriétaires de mettre fin à un contrat de location, même si les locataires sont de mauvais payeurs, il s'ensuivra une raréfaction de l'offre de logements à louer car certains propriétaires préféreront parfois conserver des locaux vacants pour faire face à toute éventualité ou, tout au moins, ils renonceront à faire des achats immobiliers, sachant qu'ils ne peuvent pas disposer à leur guise des logements qu'ils auraient pu acheter. Comme cela arrive typiquement pour toute intervention étatique, une politique qui a pour but apparent de protéger les locataires se retourne contre eux : la raréfaction des logements disponibles pour la location crée une crise du logement et une tendance à l'augmentation des loyers. Ainsi la politique de protection des locataires est finalement nuisible pour eux, de même que la politique de protection des salariés est nuisible pour eux, comme nous le verrons.

On pourrait multiplier les exemples et on retrouverait toujours la même conclusion. Ainsi, pour prendre un dernier exemple, en voulant limiter la libre rémunération des médecins, on raréfie l'offre de soins médicaux, ce qui rend plus difficile le maintien de l'état de santé de la population à un haut niveau.

Acceptez donc de reconnaître que les promesses étatiques ne sont que le fruit des illusions nées de la démagogie politique au service des intérêts très particuliers d'un personnel politique qui est lui-même au service d'intérêts catégoriels spécifiques. Libérez-vous de ces illusions, prenez votre vie en main. Vous serez à la fois plus heureux et plus prospère !

RETROUVEZ LA LIBERTÉ DE CONTRACTER

Les êtres humains sont des êtres sociaux, c'est-à-dire que leur vie nécessite l'existence de liens avec d'autres êtres humains ; ce qui n'empêche pas chacun d'avoir sa propre personnalité. Ces liens peuvent être conflictuels ou pacifiques et l'on peut penser que, si la civilisation perdure, c'est parce que les hommes, dans leur ensemble, ont su renoncer aux conflits et ont été capables de trouver des modalités d'accords entre eux. On peut appeler ces accords des contrats, même s'ils ne sont pas formalisés. Le contrat met en relation deux personnes (ou deux ensembles de personnes, par exemple des entreprises) et si un contrat existe, c'est évidemment parce qu'il est satisfaisant pour les deux co-contractants. Si le contrat est librement décidé et signé, il rend impossible toute domination des uns par les autres : les contractants partagent la même liberté et la même dignité.

Prenons l'exemple du contrat de salaire qui est certainement l'un des contrats les plus importants dans la vie des hommes et des femmes de notre époque. Les deux « signataires » du contrat sont satisfaits en ce sens qu'ils ont trouvé un terrain d'entente, en particulier sur le montant du salaire versé, la nature du travail à exécuter et les conditions de travail. Chacun espère donc tirer profit de la mise en œuvre de ce contrat. Mais, bien entendu, le salarié souhaiterait, si cela était possible, obtenir un salaire plus élevé et son employeur préférerait sans doute que le coût du travail soit plus faible, compte tenu de l'apport productif réalisé par le salarié. Mais l'un et l'autre sont limités dans leurs souhaits par ce que l'on peut appeler l'état du marché du travail au moment de la signature du contrat. Ainsi, le salarié sait qu'il ne pourrait probablement pas trouver un emploi s'il maintenait une exigence de salaire plus élevé, car les employeurs potentiels lui préféreraient un autre salarié. Symétriquement, l'employeur sait qu'il ne pourra pas trouver un salarié disposé à accepter un salaire plus faible, si ce n'est, peut-être, un salarié dont les compétences ou l'ardeur au travail seraient plus faibles.

Une fois le contrat conclu, il convient de le mettre en œuvre, c'est-à-dire que le salarié va effectuer le travail qui a été prévu conformément à son contrat. Mais il est bien évident que rien ne peut être parfaitement prévisible dans la vie des hommes. Il se peut que le salarié donne une totale satisfaction à son employeur et qu'il soit pour sa part totalement satisfait de son salaire et de ses conditions de travail, auquel cas la collaboration entre employeur et employé se poursuivra très probablement et le salarié pourra même obtenir un meilleur salaire et de meilleures conditions de travail. Mais il se peut aussi que des désaccords importants aient lieu entre eux : ainsi, l'employeur peut considérer que l'employé n'a pas les compétences requises ou qu'il néglige son travail, le salarié peut se plaindre de certaines exigences de son patron ou de ses conditions de travail. Sauf s'il est manifeste que les droits de l'un ou de l'autre ont été mis à mal, il importe peu de savoir si l'un ou l'autre a raison, car leurs réactions sont de nature subjective et un observateur extérieur ne peut pas se mettre à leur place pour décider si le travail est plus ou moins bien fait ou si le patron a des exigences excessives. Ce qui est important, c'est ce qui est ressenti par chacun et il existe un fait objectif observable, à savoir qu'il y a un désaccord entre employeur et employé sur la manière dont le travail est exécuté. Si ce désaccord est trop important, il est préférable pour les deux qu'il soit mis fin au contrat. Ainsi, il se peut que l'employeur licencie le salarié, à condition évidemment de le faire d'une manière qui soit conforme à ce qui avait été prévu dans le contrat à cet effet. Mais, évidemment, il se peut aussi fort bien que la rupture du contrat soit faite à l'initiative de l'employé et pourquoi ne pourrait-on pas dire dans ce cas que le salarié « licencie son employeur » ?

La fin du contrat peut donc être désirée parce que l'exécution du contrat n'est pas aussi prometteuse que l'espérait chacun des partenaires. Mais elle peut aussi résulter d'événements qui n'avaient pas été prévisibles lors de la signature du contrat. Il se peut par exemple que le salarié ait poursuivi parallèlement à son travail une formation qui le conduit finalement à désirer un autre type d'emploi ; ou bien que l'employeur décide de modifier le processus de production de manière à accroître la productivité du travail, par exemple parce qu'un progrès technique permet d'effectuer certaines tâches avec une main-d'œuvre moins abondante.

Enfin, il y a aussi une hypothèse qu'il convient de ne pas oublier, celle où une intervention extérieure modifie de manière imprévue les conditions de la production. C'est le cas, en particulier, si l'État impose des augmentations d'impôts ou impose des contraintes réglementaires coûteuses pour une entreprise : ce qui paraissait rentable lors de la signature d'un contrat de travail l'est beaucoup moins, voire ne l'est plus du tout. Il est alors normal que l'entrepreneur s'adapte aux circonstances s'il veut assurer la survie de l'entreprise et donc le maintien d'un certain nombre d'emplois. On peut même dire qu'il est de son devoir d'agir ainsi.

Même si leurs rôles dans l'entreprise sont différents, l'employeur et l'employé se trouvent dans une position symétrique du point de vue du contrat : ils l'ont tous deux librement signé et ils ont tous deux la liberté fondamentale d'y mettre fin, quelles qu'en soient les raisons, qu'on les considère comme bonnes ou mauvaises. Ne devrait-on pas reconnaître qu'obliger l'un des deux partenaires du contrat à en poursuivre l'exécution alors qu'elle ne lui donne pas satisfaction est une atteinte à ses droits, mais que c'est aussi la source d'un mauvais fonctionnement de l'entreprise, dont finalement tout le monde pâtit ?

Acceptez donc cette idée fondamentale pour la vie des hommes et des femmes : *il vaut mieux une rupture de contrat que la continuation d'un mauvais contrat.* Il en est ainsi absolument dans tous les domaines de la vie. De ce point de vue, il y a une certaine similitude entre, par exemple, le contrat de travail – que nous venons d'évoquer – et le contrat de mariage ; même si ce dernier a en général une durée plus longue et comporte un véritable engagement moral et affectif. Lorsque deux personnes se marient, elles sont pleines d'espérance pour le futur et chacune pense pouvoir tirer profit de l'arrangement ainsi conclu. Malheureusement, les contraintes de la vie conduisent parfois au désenchantement et pour un certain nombre de personnes le contrat devient de plus en plus lourd à supporter. Bien sûr, chacun des deux conjoints estimera probablement que cette dégradation est due au mauvais comportement de l'autre. Mais, en tant qu'observateurs extérieurs, nous n'avons pas à en juger et nous devons simplement accepter le fait objectif que l'on peut constater : les époux ne s'entendent plus. Il est alors préférable qu'ils acceptent le divorce, c'est-à-dire la rupture de leur contrat initial. Et chacun peut-être trouvera un épanouissement durable par la signature de nouveaux contrats de mariage.

On peut alors faire la constatation suivante : à notre époque, les législateurs ont rendu de plus en plus facile à des époux de divorcer, répondant ainsi à un désir profond et légitime d'un certain nombre de conjoints. Il y a donc eu une reconnaissance légale de ce désir de libéralisation : on a rendu aux époux leur autonomie de décision et l'État a largement renoncé à empiéter sur des décisions qui relèvent normalement et uniquement de ceux qui sont concernés, des hommes et des femmes libres. Mais il est alors très étrange que parallèlement on puisse constater une évolution inverse en ce qui concerne un autre type de contrat, le contrat de travail. Comment pouvez-vous accepter que, d'un côté, on respecte votre liberté de décider et que, de l'autre, on la limite considérablement ? Il y a deux explications à cela, mais ces explications ne sont pas des justifications.

– La première explication tient au fait que le marxisme a fait des ravages dans les esprits. Même s'il a beaucoup perdu de sa crédibilité du fait de la faillite totale des régimes communistes qu'il avait inspirés, il imprègne de manière plus ou moins consciente les cerveaux. Réagissez donc à cette contrainte intellectuelle et acceptez de penser autrement. Le marxisme, en effet, nous propose une interprétation de la vie économique qui n'a aucun lien véritable avec la réalité. Il y aurait une classe de patrons dotés de pouvoirs exorbitants et qui pourraient imposer leur volonté aux membres de l'autre catégorie, celle des salariés. Mais cette représentation de la vie sociale est purement mythique : dans une société d'hommes et de femmes libres, chacun entre librement dans un contrat et en sort librement sans que l'un des deux partenaires puisse imposer sa volonté à l'autre. Si un salarié n'est pas satisfait de son employeur, il peut le quitter et en trouver un autre ; symétriquement, si un employeur n'est pas satisfait de son salarié, il devrait pouvoir en chercher un autre. Tous deux sont égaux en tant qu'hommes et femmes libres et aucun des deux ne peut exercer de contrainte sur l'autre. Cette situation n'a rien à voir avec celle que l'on rencontre dans une société esclavagiste, ou lorsque l'État peut contraindre des hommes à être enrôlés dans une armée et à obéir aux ordres qui leur sont donnés. Il n'y a pas d'exploitation des hommes dans une société de liberté.

Mais les hommes de l'État ont tout intérêt à faire croire que les salariés sont exploités par leurs employeurs et qu'il convient de leur donner une protection particulière. En effet, le nombre de salariés est considérablement supérieur au nombre d'employeurs et, pour gagner des élections ou se maintenir au pouvoir, les hommes de l'État sont évidemment incités à faire croire aux plus nombreux – les salariés – qu'ils les protègent. Il est d'ailleurs quelque chose d'étrange : ceux d'entre vous qui sont salariés n'ont probablement pas le sentiment d'être exploités et c'est pourquoi, d'après des sondages, une très grande majorité des salariés français « aiment leur entreprise ».

Mais l'idéologie dominante leur a imposé une vision qui ne correspond pas à leur expérience concrète. Libérez donc vos esprits !

— Il y a une seconde explication, plus conjoncturelle, des motifs qui ont conduit le législateur à rendre la rupture du contrat de travail difficile. Nous nous trouvons en effet malheureusement dans une situation de chômage élevé. Ceci n'est pas seulement la conséquence de la crise financière récente, mais c'est un phénomène qui dure depuis trois ou quatre décennies (et qui s'est accéléré depuis l'élection de François Mitterrand à la présidence de la République). Mais réfléchissez-y bien : comment peut-il se faire qu'un nombre important de gens désireux et capables de travailler ne trouvent pas un employeur désireux de les embaucher ? Il y a là une situation absolument anormale et qu'il faut bien expliquer. L'une des raisons de cet état de choses vient précisément du manque de flexibilité sur le marché du travail que nous venons d'évoquer. Mais il y a d'autres obstacles — en particulier fiscaux - qui empêchent la signature de nombreux contrats de travail ; nous les rencontrerons ultérieurement.

Lorsque l'État s'immisce dans les contrats privés, il en détruit en grande partie l'utilité. Il en est ainsi lorsqu'il rend difficiles ou qu'il interdit les licenciements. Les employeurs potentiels hésitent davantage à embaucher des salariés s'ils savent qu'ils auront du mal à les licencier s'ils ne donnent pas satisfaction ou si les circonstances nécessitent une réduction des effectifs. Et, comme nous l'avons déjà dit, le maintien forcé d'un salarié dans une entreprise se fait au détriment de la qualité du travail et rend les entreprises moins performantes. Il y a donc moins de richesses créées et c'est le niveau de vie de beaucoup de gens qui en est ainsi réduit. Mais cet effet négatif de l'intervention – prétendument bienveillante – de l'État n'est évidemment pas facilement visible et c'est pourquoi les hommes politiques sont tentés par ces politiques destructrices. C'est à vous, électeur, d'être lucide et de dénoncer l'imposture !

Le licenciement est un processus douloureux, en particulier, évidemment, pour celui qui le subit. Il se trouve en effet brutalement dans une situation d'incertitude et il ne sait pas s'il pourra retrouver rapidement un travail satisfaisant pour lui. Par ailleurs, le changement d'emploi oblige généralement à supporter des coûts spécifiques : il faut consacrer du temps et éventuellement de l'argent pour trouver un autre emploi, il faut parfois même changer de domicile. Mais il arrive aussi qu'on trouve finalement un emploi plus satisfaisant que celui qu'on a dû quitter. L'incertitude et les coûts de ce changement sont évidemment d'autant plus grands qu'il y a un taux de chômage plus élevé, car la probabilité de retrouver un emploi est alors plus faible. On comprend, dans ces conditions, que les salariés puissent désirer la « protection de l'emploi ». Leur situation est tout à fait différente lorsqu'il y a plein emploi. Peut-être se souvient-on, de ce point de vue, de la période pas si lointaine – au début de ce siècle – où le taux de chômage était inférieur à 4 % aux États-Unis et où les employeurs faisaient de gros efforts pour éviter que leurs sala-riés – en particulier les meilleurs d'entre eux – ne les quittent parce qu'ils avaient trouvé un emploi mieux rémunéré et plus agréable. Dans une situation de plein emploi les salariés sont dans une position de force pour négocier leurs salaires et leurs conditions de travail, c'est-à-dire qu'on se trouve dans une situation exactement contraire de celle qui caractérise l'approche marxiste : même s'il n'y a pas lieu de dire que les salariés « exploitent » les employeurs, il est en tout cas évident qu'aucune « exploitation » des salariés n'est alors possible.

On peut le remarquer au passage : si les salariés doivent supporter des coûts et de l'incertitude lorsqu'ils sont licenciés, c'est exactement ce qui se passe également pour un employeur lorsqu'un de ses salariés le « licencie » : il doit engager des dépenses pour trouver un autre salarié, il doit supporter les coûts de formation d'un nouveau salarié – car on n'est jamais immédiatement adapté à la tâche que l'on doit faire – et il subit l'incertitude due au fait qu'il ne peut pas parfaitement évaluer à l'avance les qualités d'un futur salarié.

Toujours est-il que, pour les deux raisons que nous avons vues, la législation – prétendument « sociale » – protège le salarié par rapport à l'employeur. Répondant à l'inquiétude légitime des salariés en ce qui concerne le licenciement, elle rend celui-ci difficile ou impossible. Mais le vrai problème qu'il conviendrait de résoudre ne vient pas du fait qu'il y a des licenciements, mais du fait qu'il n'y a pas suffisamment d'embauches possibles. Les licenciements sont une chose normale dans une économie dynamique où les changements techniques sont rapides et les taux de croissance élevés, ce qui apporte une prospérité croissante à tous. Imaginez que, dans une société potentiellement dynamique, on interdise tout d'un coup totalement les licenciements. Ceci signifierait que l'on figerait les structures productives, en empêchant les salariés de se déplacer pour aller des secteurs en perte de vitesse vers les secteurs à forte croissance. Une telle économie perdrait son dynamisme et tout le monde pâtirait de la stagnation économique. C'est d'ailleurs en partie ce qui se passe aujourd'hui en France, de même que dans beaucoup de pays européens. C'est ainsi que les prétendues politiques d'emploi sont en fait hostiles à l'emploi.

Prenez-en conscience, salariés, vous avez peur des licenciements et cette peur est tout à fait légitime. Mais en prétendant satisfaire ce besoin de sécurité, l'État fait fausse route. Chacun se croit protégé, mais c'est nécessairement aux dépens des autres et donc, finalement, de lui-même. Il y a là une vérité difficile à admettre, mais qui doit être comprise si l'on veut retrouver la prospérité. La vraie politique d'emploi ne consiste pas à rendre les licenciements difficiles, mais à supprimer les obstacles à l'emploi (ceux que nous avons rencontrés et ceux que nous rencontrerons), tous ces obstacles qui rendent difficile pour les salariés de trouver un emploi ou d'en retrouver un lorsqu'ils ont perdu celui qu'ils avaient.

Tel est le terrible paradoxe de l'emploi : chacun croit avoir intérêt à obtenir la protection du législateur et le législateur trouve évidemment intérêt à répondre positivement à cette demande d'une partie de son électorat. Mais, ce faisant, il détruit en partie les mécanismes naturels qui permettent aux êtres humains d'améliorer leur situation. Il faut sortir de ce paradoxe, il faut sortir de ce cercle vicieux. Même si votre intérêt personnel de court terme vous rend favorable aux mesures de restriction à la liberté de licencier, il vous faut comprendre que, finalement, ces mesures nuisent à beaucoup de gens et qu'elles peuvent se retourner contre vous.

Dans une économie libre, d'où toute contrainte étatique est exclue, les individus s'adaptent continuellement les uns aux autres, et c'est ainsi que le bien-être de chacun est obtenu dans les meilleures conditions. Comme l'a écrit, dans une phrase célèbre, le grand économiste écossais du XVIIIe siècle Adam Smith : « Ce n'est pas de la bienveillance du boucher, du marchand de bière ou du boulanger, que nous attendons notre dîner, mais bien du soin qu'ils apportent à leurs intérêts. Nous ne nous adressons pas à leur humanité, mais à leur égoïsme[2]. »

Dans une économie libre, en effet, chacun cherche à savoir comment satisfaire au mieux les besoins d'autrui afin de pouvoir vendre au mieux ses services de travail ou ses produits. Chacun est guidé, sans le savoir, par une « main invisible » vers la réalisation du bien-être des autres.

Le recours à la contrainte étatique, quant à lui, aboutit au résultat exactement inverse : lorsqu'on poursuit son intérêt personnel non pas en entrant librement en rapport avec autrui, mais en recourant à la force pour imposer aux autres

---

2. Adam Smith, *Recherches sur la nature et les causes de la richesse des nations*, Gallimard, Paris, 1990 p. 48-49.

un comportement et des choix qu'ils n'accepteraient pas librement, on agit de manière immorale puisqu'on ne respecte pas la liberté d'autrui. En outre, on réduit le bien-être des autres et il se peut même, bien souvent, qu'à plus ou moins long terme on soit également victime du recours à la contrainte qu'on a souhaité. En effet, *si chacun, pensant poursuivre ainsi son intérêt personnel, obtient un privilège aux dépens des autres grâce à l'exercice de la contrainte étatique, tout le monde finit par être victime des cadeaux et des protections donnés aux uns et aux autres.* Il faut donc bien se convaincre de cette vérité incontournable : le privilège des uns est une injustice pour les autres. Et lorsque les privilèges se multiplient, les injustices se multiplient et on ne sait d'ailleurs plus quels sont les vrais gagnants et les vrais perdants. Ainsi, la loi, au lieu de mettre en œuvre quelques principes universels respectables – tels que le respect des contrats et de la propriété – introduit l'injustice et le désordre social.

Les hommes politiques prétendent agir non pas par intérêt, contrairement aux acteurs du marché, mais par bienveillance et souci de l'intérêt général ; mais en fait ils agissent par intérêt puisque leur première préoccupation consiste à obtenir le vote de ceux qu'ils prétendent satisfaire. Ils ne défendent pas l'intérêt général mais des intérêts bien particuliers et, par ailleurs, leur action risque fort de nuire à tout le monde. On se trouve donc bien dans une situation exactement inverse de celle de la « main invisible » : *la main visible de l'État fait semblant de donner des faveurs à toutes sortes de catégories de personnes, mais parce qu'elle recourt nécessairement à la contrainte, elle est en fait destructrice.*

ÊTES-VOUS CONDAMNÉ À VIVRE DANS UN MONDE DE STAGNATION ÉCONOMIQUE ET DE CHÔMAGE ?

Certains s'en souviennent : au cours des années 1950 à 1970, on enregistrait en France des taux de croissance élevés, pouvant atteindre 5 ou 6 % par an, et chacun avait la satisfaction de voir son salaire et son pouvoir d'achat augmenter régulièrement. Pendant une grande partie de cette période le chômage a été quasi inexistant, et il ne constituait absolument pas une préoccupation pour l'opinion et les gouvernements. Certes, il y avait toujours un petit nombre de personnes sans emploi, en particulier parce que certains se trouvaient temporairement entre deux emplois. Mais tous ceux qui le désiraient trouvaient facilement un emploi. Quel contraste avec la dégradation continue que nous connaissons depuis le début des années 1980 ! Il est donc légitime de se demander s'il serait possible de connaître à nouveau un environnement où chacun pourrait espérer améliorer son sort continuellement et où personne n'aurait l'angoisse d'un chômage durable. Il faut que vous en soyez convaincu : cela est possible, mais à condition de tourner le dos au système paralysant qui a été progressivement mis en place depuis le début des années 1980. *Permettre à l'innovation de jouer son rôle dans la création de richesses, changer radicalement de politique économique, supprimer tous les obstacles à l'emploi, réduire de manière rapide et profonde la fiscalité, telles sont les clefs à utiliser pour ouvrir les portes d'un monde nouveau.*

Permettre l'innovation, clef de la croissance

La plupart des gens souhaitent une amélioration de leur niveau de vie et ceci est légitime. Certes, quelques esprits chagrins s'efforceront de s'indigner sous prétexte qu'il y a là une vision matérialiste de la vie. Mais il est pourtant évident qu'en disposant de ressources plus abondantes, on peut plus facilement satisfaire l'ensemble de ses objectifs, qu'ils soient de nature matérielle, spirituelle, artistique ou affective. Et, de toute façon, si nous voulons vraiment cultiver la vertu de tolérance, nous n'avons pas à en juger et nous devons considérer cette aspiration à une plus grande prospérité comme un fait de nature presque universel. Mais comment l'obtenir ?

L'être humain a des capacités extraordinaires : il ne se contente pas – comme le font les animaux – d'utiliser et d'absorber les ressources existantes, ce qui empêche toute possibilité d'amélioration des conditions de vie et risque même de les détériorer si la destruction des ressources est plus rapide que leur renouvellement. L'être humain, pour sa part, est capable d'imaginer, d'inventer et de créer des ressources nouvelles à partir des ressources existantes, mais surtout à partir des ressources de son propre esprit. Il y a là une qualité admirable, d'autant plus que cette capacité à inventer est absolument sans limites. Permettre à l'homme d'exercer ses facultés mentales et son habileté physique est une exigence morale puisqu'on ne peut pas prétendre respecter un être humain si on ne respecte pas ce qu'il est. Mais c'est en outre une exigence pratique

puisque c'est ainsi que des richesses nouvelles pourront être produites et que l'être
humain pourra continuellement améliorer
son sort.

*N'est-il pas plus noble et intelligent
d'admirer et de respecter ces extraordinaires facultés humaines que de s'indigner, de se lamenter et de tendre la main
pour obtenir par la contrainte une petite
part de ce que les autres ont créé par leurs
talents et leurs efforts ?*

Mais si le désir d'améliorer ses conditions de vie est universel, comment cet
objectif peut-il être atteint ? Cela n'est
possible qu'en améliorant les processus
de production, ce qui peut se dire en
un mot : en innovant. L'innovation est
la clef de la croissance. Elle consiste à
imaginer de nouveaux biens et services
qui correspondent mieux aux besoins des
consommateurs, à modifier les processus de production de manière à ce que
chaque producteur soit capable de produire
davantage de biens. L'innovation bouscule
les habitudes et c'est pourquoi elle est
souvent mal acceptée. Elle implique, en
particulier, que les salariés changent leurs
méthodes de travail ou qu'ils acceptent
de changer d'entreprise ou de métier, ce

qui leur permet d'ailleurs normalement d'obtenir une rémunération plus élevée dans une économie où les changements sont précisément acceptés, rapides et importants.

Mais il serait dangereux de confondre l'innovation avec le progrès scientifique. Certes, ce dernier joue un rôle fondamental car il est à l'origine de techniques de production nouvelles ou de produits nouveaux. Mais pour que ce progrès scientifique et technique soit mis en œuvre, il faut que deux conditions soient remplies :

– Il faut tout d'abord qu'il existe des innovateurs motivés. Tel est le rôle fondamental de l'entrepreneur : il perçoit qu'il existe des besoins à satisfaire et il recherche les moyens d'y répondre en lançant des productions nouvelles obtenues avec des techniques nouvelles. Mais, ce faisant, il prend des risques, car il n'est pas certain que ses produits futurs seront appréciés sur le marché, c'est-à-dire par les consommateurs. Or, les êtres humains ne vivent jamais dans un monde de certitude, et c'est pourquoi il n'y a pas de changement sans risques. Celui qui accepte de prendre en charge les risques de l'innovation, c'est l'entrepreneur-innovateur. Si ses prévisions sont à peu près correctes, il obtient un profit qui est la rémunération de son travail et, surtout, de sa prise de risque. S'il échoue, il fait faillite et il perd une grande partie de ce qu'il avait pu investir dans son entreprise, et tous les espoirs que ses efforts passés lui permettaient d'entrevoir sont réduits à néant. C'est pourquoi l'entrepreneur-innovateur est un personnage central de l'économie et la mentalité anticapitaliste de notre époque constitue donc l'un des freins majeurs au progrès de tous. En effet, pour qu'un entrepreneur mette en œuvre une innovation et accepte de prendre en charge les risques correspondants, il faut qu'il puisse espérer une rémunération satisfaisante dans le cas où ses projets réussissent. Mais imaginez que l'État lui dise : « Si vous réussissez dans vos projets et si vous dégagez un profit, je confisque celui-ci totalement ou presque totalement. » On voit mal pourquoi il accepterait de faire des efforts, parfois considérables, et de prendre des risques, eux aussi considérables, pour un rendement proche de zéro. Malheureusement, on est bien souvent dans une situation proche de celle-ci dans la France d'aujourd'hui ; et ceci permet de comprendre pourquoi l'économie française se traîne dans la médiocrité depuis des décennies, et pourquoi la plupart des Français sont frustrés dans leur désir d'amélioration.

– La seconde condition pour que l'innovation ait lieu, c'est qu'elle soit financée. En effet, pour mettre en œuvre de nouveaux processus de production et pour lancer de nouveaux produits, il faut investir dans des usines, des machines, dans la formation des hommes. Il faut que ceux qui obtiennent des revenus au cours d'une période, du fait de leur travail ou de leurs investissements passés, s'abstiennent de les consommer en totalité et acceptent d'en utiliser une partie pour financer la croissance future. En d'autres termes *il n'y a pas de croissance sans épargne.* Cela devrait être considéré comme une évidence, mais cela n'est malheureusement pas le cas à notre époque : s'appuyant sur des théories erronées, la démagogie politique fait croire qu'en augmentant la consommation – aux dépens de l'épargne – on va « tirer la croissance ». Mais cette idée n'est qu'une image et c'est, en fait, une fausse bonne idée : à supposer même que la consommation « tire la croissance », il faut que les producteurs puissent répondre à cette prétendue incitation. Et, pour y répondre, il faut bien qu'ils trouvent des ressources de financement, c'est-à-dire de l'épargne.

Reconnaître la faillite des politiques économiques

Le retour de la croissance est évidemment considéré comme l'une des priorités pour la France d'aujourd'hui et les propositions censées conduire à une « politique de croissance » sont nombreuses et variées. Bien sûr, on trouve au premier rang les tenants d'une « relance par la dépense publique », qui sont en conséquence des critiques de la politique dite d'austérité consistant à réduire le déficit public. Il y a ceux qui préconisent une politique monétaire plus expansionniste et qui demandent que l'activité économique fasse partie des objectifs de la banque centrale européenne. D'autres réclament un « Pacte européen pour l'emploi », aux contours toujours assez flous. L'augmentation des dépenses de formation et de recherche, le lancement de grands projets européens financés par des *eurobonds*, ou le protectionnisme et la lutte contre les délocalisations font aussi partie de la panoplie des prétendues recettes de croissance.

Toutes ces propositions n'ont rien de révolutionnaire : elles ont toutes été invoquées un grand nombre de fois et elles ont toutes été essayées sans que la croissance soit au rendez-vous. Elles ont en effet un défaut majeur : elles impliquent l'adoption de concepts globaux (la dépense publique, la politique monétaire, la formation, etc.), comme si l'économie était une vaste machine dont un gouvernement pourrait manipuler les leviers à sa guise. Mais l'activité économique est quelque chose de tout-à-fait différent : elle est le résultat d'une quantité innombrable de décisions – grandes ou petites – prises par un grand nombre d'individus qui exercent leur raison pour s'adapter au mieux à leur environnement et pour améliorer leur sort. La croissance est donc le résultat non intentionnel, et largement imprévisible, de toutes ces décisions humaines, en particulier celles qui sont prises par les entrepreneurs-innovateurs.

Mais pour que les transformations souhaitées puissent avoir lieu, il faut que les individus ne soient pas paralysés dans leurs actions, c'est-à-dire, tout simplement, qu'ils soient le plus libres possibles. Pourquoi feraient-ils des efforts pour produire des richesses si la plus grande partie de ces efforts est confisquée par les prélèvements obligatoires ou s'ils doivent, pour aboutir, surmonter les immenses difficultés que leur imposent toutes sortes de réglementations (en particulier celles qui découragent un employeur potentiel et un salarié potentiel de signer le contrat de travail qu'ils souhaiteraient pourtant signer si les conditions étaient moins contraignantes) ? Ainsi, en France, on a peut-être tout essayé pour réduire le chômage et stimuler la croissance, sauf la seule politique qui aurait réussi, celle qui consiste à libérer les énergies humaines.

La vision *mécaniciste* – chère aux socialistes – qui consiste à imaginer qu'un gouvernement peut conduire à sa guise cette vaste machine qu'on appelle « l'économie nationale » est particulièrement dangereuse et elle ne peut mener qu'à la stagnation ou même au déclin. Prenons pour exemple, parmi les politiques traditionnelles évoquées ci-dessus, l'enseignement et la recherche. Il semble *a priori* sympathique d'accroître les dépenses dans ces domaines (sans oublier cependant que ces dépenses doivent être financées et qu'elles le sont nécessairement aux dépens d'autres dépenses). Mais ce qui est le plus important, ce n'est pas d'augmenter le montant global de ces dépenses, c'est qu'il y ait une bonne adéquation entre la diversité des formations et des recherches possibles et la diversité des besoins dans l'activité économique. Or, cette bonne adéquation ne se fait pas au mieux dans un système d'enseignement public monopoliste comme celui que nous avons en France. Et surtout, il ne sert à rien de dépenser plus pour l'enseignement ou la recherche si, par ailleurs, on détruit les incitations productives des entrepreneurs-innovateurs par la fiscalité et les réglementations. On peut aussi ajouter que, si la formation initiale n'est pas suffisante pour permettre une bonne adéquation des salariés aux besoins des entreprises, la formation en entreprise joue un rôle important ; or, il faut pour cela que les incitations à embaucher puissent exister.

Les autres prétendues recettes globales ne peuvent être que destructrices : la dépense publique se fait nécessairement aux dépens de la dépense privée, de telle sorte que la « relance par la dépense publique » – qu'elle soit purement nationale ou européenne – n'est qu'une dangereuse illusion ; la création monétaire ne crée pas des richesses nouvelles, mais seulement de l'inflation et, éventuellement, des crises financières ; le protectionnisme empêche les individus de s'approvisionner au moindre coût, alors que la liberté des échanges permettrait aux consommateurs d'accroître leur pouvoir d'achat et aux producteurs d'améliorer leur productivité (et donc, parfois, d'être plus compétitifs sur les marchés extérieurs) ; un « Pacte européen pour l'emploi », construit sur ces bases erronées, ne peut en rien contribuer à la croissance, et on n'a d'ailleurs aucunement besoin d'un accord européen pour trouver tout seul les meilleures recettes. Ces recettes sont simples : libérer l'économie par une réduction massive et rapide des prélèvements obligatoires et des réglementations. Ceci signifie, en un mot : sortir de l'étatisme qui caractérise la France depuis des décennies.

Acceptez donc cette idée que la politique économique n'est le plus souvent qu'un jeu d'illusions et qu'elle aboutit le plus souvent au contraire de ce qu'elle prétend réaliser. En voulez-vous encore un exemple ? Les gouvernants vous disent : nous nous intéressons particulièrement au sort des moins favorisés, de ceux qui ont les revenus les plus faibles. C'est ainsi que nous allons obliger les patrons à leur payer un salaire minimum au lieu de les « exploiter ». Tel est l'enjeu du SMIC. Cela paraît généreux et souhaitable. Notez cependant qu'il est facile pour un homme politique de préconiser une telle politique : elle ne lui coûte rien, puisqu'elle est imposée aux autres, mais elle lui rapporte en termes de voix aux élections. Mais quelles en sont les conséquences réelles ? Bien sûr, ceux qui pensent être ainsi rémunérés à un niveau plus élevé qu'en l'absence de cette législation sont satisfaits. Malheureusement, cette politique a un coût considérable pour beaucoup d'autres gens, tous ceux dont la productivité au travail est trop faible pour qu'un employeur soit incité à les embaucher au niveau du salaire minimum : c'est, en particulier, le cas de beaucoup de jeunes qui n'ont pas l'expérience du travail et dont la productivité est donc faible pendant un certain temps. Il vaudrait beaucoup mieux pour eux qu'ils aient la possibilité d'entrer sur le marché du travail avec un salaire plus faible que le salaire minimum et que, peu à peu, par l'amélioration de leurs capacités et donc l'augmentation de leur productivité, ils puissent bénéficier d'augmentations régulières de leur salaire. La législation démagogique du salaire minimum les prive de manière tragique de cette possibilité de faire leurs preuves. Elle conduit à cette situation scandaleuse dans laquelle on met au rebut ce qu'il y a de plus précieux : le travail humain. Et ce qui est vrai pour les jeunes est vrai pour bien d'autres catégories de personnes. Ainsi, n'est-il pas pitoyable de voir des SDF[3] dans la force de l'âge vivre mal d'expédients divers, alors qu'ils seraient certainement capables de travailler et de gagner ainsi de quoi vivre plus dignement si un salaire minimum trop élevé ne leur

---

3. Il est d'ailleurs caractéristique que les SDF (sans-domicile fixe) se soient malheureusement multipliés depuis les années 1980 (le terme lui-même date de cette époque), c'est-à-dire depuis que des politiques socialistes censées lutter contre les « inégalités », ramener la prospérité et ranimer l'emploi ont en fait freiné le développement économique et multiplié les chômeurs. Comme l'avait dit Margaret Thatcher : « La meilleure politique d'emploi, c'est de ne pas en avoir ».

ôtait pas cette chance ? Malheureusement, dans l'univers de la pensée unique qui caractérise la France d'aujourd'hui, le salaire minimum est un tabou et le critiquer est considéré comme la manifestation d'une volonté de nuire aux plus mal lotis. Mais il faut accepter de rejeter les tabous et reconnaître que le salaire minimum n'est rien d'autre qu'une machine à exclure.

Ouvrez donc vos yeux, vos oreilles et surtout vos esprits, et ayez le courage d'admettre et de comprendre que vous avez été la victime – le plus souvent consentante par vos votes et même vos enthousiasmes – des fabricants d'illusions que sont les gouvernements. Ils vous ont promis la croissance, la fin du chômage, l'augmentation du pouvoir d'achat, comme s'ils étaient les maîtres absolus de toute la société. Mais c'est de vous et non d'eux que viendra un futur meilleur. Vous n'avez qu'un mot à dire aux gouvernants : laissez-nous faire.

Revenir au plein emploi

Le chômage est une réalité française depuis des années. Il constitue, semble-t-il, une de vos préoccupations essentielles et vous avez raison. En effet, même si vous n'êtes pas actuellement frappé par le chômage, il constitue une menace constante pour vous si vous êtes salarié. Il l'est aussi, il faut le reconnaître, pour beaucoup d'entrepreneurs, car s'ils font faillite et s'ils n'ont pas le courage de se lancer dans une nouvelle aventure entre-preneuriale – ce qui se comprend dans la France actuelle où tant d'obstacles sont mis sur la route des entrepreneurs –, ils se retrouvent sans emploi et même sans allocations-chômage, avec la crainte de ne même pas pouvoir devenir des salariés. L'existence d'un fort taux de chômage est donc une terrible menace pour la plus grande partie des citoyens, en dehors, évidemment, des fonctionnaires. C'est pourquoi il est du devoir de chacun de comprendre pourquoi une telle situation peut exister et d'en tirer les conséquences.

L'existence d'un fort taux de chômage paraît à juste titre incompréhensible. En effet, les êtres humains, par l'exercice de leur raison, sont la source unique de la richesse. Certes, on oppose souvent le travail et le capital, considérés comme les deux facteurs de production. Mais en réalité, le capital est lui-même le fruit du travail. Il résulte de l'effort d'épargne et d'innovation de ceux qui ont exercé leurs talents pour donner la meilleure utilisation aux ressources créées par eux ou par les autres. Comment peut-il alors se faire que cette source unique de richesses – le travail de l'esprit humain – ne soit pas utilisée au maximum ? Comment peut-il se faire qu'un individu désireux et capable de travailler ne trouve pas d'emploi ? C'est une interrogation que nous avons déjà pu faire et nous avons vu, par exemple, que le chômage pouvait résulter de lois d'origine étatique, par exemple celles qui limitent les possibilités de licenciement ou qui imposent un salaire minimum. Ces législations constituent des obstacles à la liberté contractuelle et empêchent par conséquent un employeur potentiel et un salarié potentiel de se rencontrer. Mais il est d'autres obstacles, en particulier l'obstacle fiscal, destructeur de l'emploi et de la production.

Réduire rapidement et profondément la fiscalité

Les êtres humains sont capables du pire comme du meilleur. Ils sont capables de faire des efforts qu'on peut même qualifier de surhumains pour essayer d'atteindre les objectifs qui leur sont chers, que ceux-ci soient de nature matérielle (les « richesses ») ou de nature spirituelle, artistique ou affective. Mais, pour atteindre leurs buts, ils sont aussi capables non pas d'utiliser leurs facultés créatrices, mais d'avoir recours à la contrainte. Certes, les actes de création demandent des efforts, et c'est pourquoi la tentation de la violence peut toujours exister, dans la mesure où elle peut paraître plus « rentable » pour celui qui l'exerce. Or, on peut penser qu'en voulant simplement jouir de sa propre liberté, on est quelque peu désarmé par rapport à l'exercice de la violence auquel on risque d'être confronté. Et c'est pourquoi on peut déjà considérer comme admirable que les progrès de la civilisation aient progressivement permis aux individus de survivre et de prospérer. Il faut évidemment tout faire pour respecter cet équilibre, mais la liberté est une chose fragile et le risque existe toujours que la généralisation de la violence conduise à la destruction des hommes et à la fin des civilisations.

Le recours à la force est évidemment moralement condamnable puisqu'il consiste à porter atteinte aux droits d'autrui. Par ailleurs, même s'il semble « rentable » dans le court terme pour celui qui l'exerce au mépris donc de toute morale, il est évidemment nuisible pour les victimes, et il risque aussi de l'être pour celui qui exerce la violence. En effet, la violence attire la violence, de telle sorte que celui qui l'a exercée le premier risque d'en devenir ensuite la victime. Par ailleurs, en s'en prenant à la richesse d'autrui, on risque de tarir la source même de cette richesse, puisqu'un créateur sera d'autant plus découragé de poursuivre ses efforts de création qu'il craindra d'être privé par la force du produit de ses efforts. Plus la contrainte se développe, plus les proies deviennent rares. C'est exactement ce qui se passe lorsque la fiscalité est excessive et que les victimes essaient de s'en protéger, soit en diminuant leurs efforts, soit en pratiquant l'évasion fiscale, soit en choisissant l'exil, malgré ses difficultés et son coût humain.

Ainsi, lorsqu'un employeur et ses salariés, du fait des contrats de travail qu'ils ont signés, créent des richesses

– ce qu'on appelle la valeur ajoutée dans une entreprise –, l'État est là pour prélever des impôts, par exemple sous forme d'une TVA, d'un impôt sur le revenu ou de cotisations sociales. Ces prélèvements réduisent nécessairement le pouvoir d'achat des salariés et le profit des entrepreneurs. Or, l'incitation à faire des efforts – de travail, d'innovation, d'épargne ou d'investissement – est évidemment d'autant plus faible que le rendement espéré de ces efforts est plus faible. Prenons l'exemple de l'entrepreneur : l'État lui tient à peu près ce langage : « Faîtes des efforts, embauchez, investissez, prenez des risques ; si vous faîtes faillite, vous perdez tout, vous êtes responsable. Mais si vous faites un profit, je vous prendrai la plus grande partie de ce que vous aurez créé. » Dans ces conditions, l'esprit d'entreprise est évidemment découragé et il ne faut pas s'étonner si la croissance est faible et le chômage élevé dans un pays comme la France, qui bat des records de prélèvements obligatoires.

En réalité, le recours à l'impôt pour financer des dépenses étatiques conduit à une double destruction de richesses par rapport à ce qui se passerait si l'on avait plutôt recours au contrat libre et à la liberté d'entreprendre. En effet, ceux qui paient l'impôt sont incités à faire moins d'efforts – de travail, d'innovation, d'épargne ou d'investissement. Mais, par ailleurs, ceux qui bénéficient des largesses étatiques sont aussi moins incités à faire des efforts puisqu'ils peuvent obtenir gratuitement – ou presque gratuitement – ce qu'ils désirent et qu'ils ne pourraient normalement obtenir que par le travail et l'effort. Chacun d'entre vous, évidemment, souhaite bénéficier des cadeaux offerts par l'État, les collectivités publiques et les organisations publiques, puisque cela est possible. Et vous êtes tenté de demander toujours plus dans ce monde féerique de l'apparente gratuité ! Mais en voulant satisfaire la plupart des demandes qui leur sont adressées, les organisations publiques détruisent la source même de la prospérité de tous. Ici encore, contrairement à la « main invisible » de l'économie libre, la poursuite par chacun de son intérêt personnel au moyen de la contrainte publique aboutit à l'appauvrissement de tous. Vous qui appelez de vos vœux une France prospère, apaisée, sans chômage, prenez conscience du cycle infernal de l'intervention publique et réclamez vigoureusement le retrait de l'État.

L'État (ou ses subdivisions, communes, départements, régions, agences publiques, etc.) prétend satisfaire vos besoins les plus essentiels et même ceux qui le sont moins. Ce faisant, il vous empêche d'exercer votre liberté de choix, comme nous l'avons vu précédemment. Par ailleurs, son intervention porte atteinte à la création de richesses qui seraient utiles pour tous. En effet, pour financer ses dépenses, l'État doit prélever des ressources au moyen des impôts ou des cotisations sociales. Et plus le taux des impôts est élevé, moins les individus sont incités à faire des efforts productifs. Seriez-vous assez bête pour faire, par exemple, un effort de travail si la totalité du fruit de vos efforts vous était confisquée ? C'est pourtant ce qui se passe – ou presque – dans bien des cas dans la France d'aujourd'hui. Imaginons, par exemple, qu'un employeur et un salarié envisagent de signer un contrat de travail qui permettrait de créer des richesses pour lesquelles les acheteurs potentiels seraient prêts à payer une certaine somme. Sur ce produit de leurs efforts productifs, l'État va prélever la TVA, les cotisations sociales et la CSG, l'impôt sur le revenu pour les deux partenaires de l'échange, mais aussi un certain nombre d'autres impôts. La marge qui reste à répartir entre les deux signataires du contrat est extrêmement faible ; elle peut même devenir nulle ou négative si des impôts comme l'impôt sur la fortune viennent amputer les sommes gagnées d'un montant supplémentaire. Les partenaires potentiels sont donc découragés à l'avance et ils renonceront sans doute à signer le contrat qui aurait été créateur de richesses pour tous deux, mais qui aurait peut-être aussi permis aux autres de se procurer des biens qu'ils désirent et qui ne seront donc pas produits. Ce processus destructeur correspond à l'expression bien connue selon laquelle « l'impôt tue l'impôt ». On veut dire par là qu'un taux d'impôt trop élevé décourage les producteurs – entrepreneurs ou salariés – de telle sorte qu'il empêche la production de richesses sur laquelle des impôts à taux bien plus faibles auraient pu être prélevés. Ainsi, des taux d'imposition trop élevés sont nuisibles pour les producteurs, mais aussi pour l'État qui reçoit finalement moins de recettes fiscales que s'il acceptait des taux d'imposition plus faibles ! On a toutes les raisons de penser que telle est bien la situation d'un pays comme la France, qui figure malheureusement parmi les champions du monde du prélèvement fiscal ! Dans ces conditions, il ne faut pas s'étonner si la croissance est très faible en France depuis des décennies, en dépit des talents évidents d'une très grande partie de la population !

La fuite légitime devant une fiscalité excessive a des aspects visibles et bien connus. C'est d'abord l'exil que finissent par choisir un grand nombre d'entrepreneurs ou d'artistes. Mais n'est-il pas regrettable de se priver de talents aussi exceptionnels et de supprimer par là-même des sources d'emplois et de création de richesses ? Et ne devrait-on pas se demander pourquoi des gouvernements punissent ainsi ceux qui ont eu le mérite d'être des innovateurs et des créateurs et les condamnent à un exil qu'ils n'auraient pas souhaité ? Mais on se prive aussi des talents de ces jeunes innombrables qui choisissent aussi l'exil parce qu'ils perdent l'espoir d'une vie épanouissante en France. N'est-il pas absurde d'avoir pris la peine de les éduquer pour qu'ils fassent fructifier leurs savoirs et leurs capacités sous d'autres horizons ? Et ne devrait-on pas s'alarmer devant la rupture des liens familiaux ou amicaux que tous ces exils impliquent ? Mais il est aussi des aspects moins visibles de cette fuite devant la fiscalité. Tel est le cas de tous ces emplois, de toutes ces activités qui auraient été créés si leur rendement n'avait pas été considérablement amputé par des impôts trop lourds. Les politiciens et les bureaucrates qui augmentent les taux des impôts et qui créent continuellement de nouveaux impôts ne s'en préoccupent pas, précisément parce que les consé-quences ne sont pas facilement visibles et mesurables. Il leur est alors facile de penser qu'il est possible de « charger la bête » pendant qu'elle est encore présente et en vie et que, pour le plus long terme, il suffit d'appliquer l'adage « après moi, le déluge ». Et c'est ainsi que, peu à peu, on détruit les sources de la prospérité de tous et que l'on crée de véritables drames humains.

Il faut aussi le souligner au passage : celui à qui on laisse la possibilité d'exercer librement ses talents n'a généralement pas pour seul but d'accumuler des richesses matérielles, mais aussi d'atteindre – comme nous l'avons vu – des objectifs de nature spirituelle, artistique, affective ou purement intellectuelle. Or, par la contrainte on peut seulement accaparer des richesses matérielles ; mais en portant ainsi atteinte aux moyens d'existence d'un individu, on peut aussi mettre en péril sa capacité à atteindre ses objectifs immatériels.

Les excès de prélèvements obligatoires – impôts et cotisations sociales – détruisent les incitations à produire et il y a même, comme nous l'avons vu, un processus de double destruction de ces incitations et donc de la production de biens. Votre niveau de vie serait donc incomparablement supérieur si vous n'attendiez pas tout de l'État, et si le sort de chacun dépendait de ses propres décisions et de ses propres efforts. Au lieu d'avoir une économie qui se traîne avec des taux de croissance de 1 ou 2 % ou même moins, nous pourrions avoir un taux de croissance de 5 ou 6 %, peut-être même davantage, si la pression fiscale était infiniment plus faible. Ainsi, en France, le taux de croissance annuel a légèrement dépassé 3 % seulement cinq fois depuis 1980, alors qu'au cours des années 1970, il avait constamment été supérieur à 3 % – sauf en 1975 – et qu'il avait même atteint 6,2 % en 1970 et 6,6 % en 1973. Le taux de chômage a toujours été supérieur à 7 % depuis 1982 et très souvent aux environs de 10 %, alors qu'il était inférieur à 5 % jusqu'en 1979. Cette période de détérioration continue de la situation économique a été une période d'accroissement continu des prélèvements obligatoires. Ceux-ci étaient de 34 % en 1970 et ils ont constamment été supérieurs à 40 % depuis 1980.

Vous seriez certainement heureux si votre revenu augmentait de 5 ou 6 % par an. Or, cela est possible. Mais pour cela, il vous faut accepter de renoncer aux mirages du prétendu « modèle social » français, il vous faut accepter de ne pas tout attendre de l'État ; et en contrepartie payer beaucoup moins d'impôts et constater une amélioration rapide de votre pouvoir d'achat.

CONCLUSION

Ouvrez les yeux, libérez votre esprit, ayez le courage de penser autrement. Vous avez jusqu'ici été soumis constamment à la pression de la pensée dominante. Cette pensée dominante veut vous faire croire que l'État peut tout pour vous et que ses représentants n'ont qu'un souci, celui de votre bien-être. Mais tout ceci n'est qu'illusion et peut-être l'avez-vous peu à peu découvert en lisant les quelques pages qui précèdent.

Qu'ils soient de droite ou de gauche, les hommes politiques tiennent en fait à peu près le même langage : ils vous promettent que tout sera différent avec eux et qu'il suffit de leur faire confiance. Chaque changement de majorité remplit d'espoir une partie de la population. Puis viennent nécessairement les désillusions devant des échecs inévitables, mais un nouvel espoir renaît, avant de nouvelles désillusions. Nous ne pouvons plus vivre ainsi. Ce n'est pas d'une simple alternance politique que nous devons tout attendre, mais d'un recul profond et rapide de la politique. Ainsi, on vous dit constamment que tout a été essayé pour vaincre le chômage et qu'il faut simplement aller plus loin dans l'interventionnisme étatique, les réglementations et les dépenses publiques. Mais non, on n'a pas tout essayé. On n'a pas essayé la seule recette qui conduirait au succès, celle qui consiste à dire aux hommes de l'Etat : «libérez-nous ! Libérez-nous de vos règlementations étouffantes ! Libérez-nous de vos impôts écrasants ! Laissez-nous faire et vous verrez ce que nous sommes capables de faire».

Et vous, cher lecteur, brisez les chaînes de l'esclavage idéologique dans lequel politiciens, médias, écoles et Universités essaient de vous enfermer et proclamez sans cesse :

LIBÉRONS-NOUS !

POUR ALLER PLUS LOIN

Qu'on me permette de suggérer quatre de mes livres :

SALIN Pascal, *La tyrannie fiscale*, Odile Jacob, Paris, 2014.

–, *Revenir au capitalisme pour éviter les crises*, Odile Jacob, Paris, 2010.

–, *Français, n'ayez pas peur du libéralisme*, Odile Jacob, Paris, 2007.

–, *Libéralisme*, Odile Jacob, Paris, 2000.

Mais aussi :

HAZLITT Henry, *L'économie politique en une leçon,* Éditions Charles Coquelin, Paris, 2006.

GARELLO Jacques, *Se passer de l'État : de l'État providence à l'État minimum*, ALEPS, Paris, 2012.

GUÉNIN Jacques de, *Logique du libéralisme*, Éditions Charles Coquelin, Paris, 2006.

LAINE Mathieu, *Dictionnaire du libéralisme*, Larousse, Paris, 2012.

–, *La grande nurserie*, Jean-Claude Lattès, Paris, 2006.

ROTHBARD Murray N., *L'homme, l'économie et l'État*, Éditions Charles Coquelin, Paris, 2007.

On se reportera avec profit aux sites internet suivants :

www.libres.org

www.institutcoppet.org

www.institutmolinari.org

Ainsi qu'à la publication hebdomadaire, *La nouvelle lettre* (ALEPS, Paris).

TABLE
DES MATIÈRES

Introduction.   5

Prenez votre vie en main.   11

Retrouvez la liberté de contracter .   23

Êtes-vous condamné à vivre dans
un monde de stagnation économique
et de chômage ?.   43

Permettre l'innovation,
clef de la croissance   46
Reconnaître la faillite
des politiques économiques   52
Revenir au plein emploi   59
Réduire rapidement
et profondément la fiscalité   61

Conclusion   73

Pour aller plus loin   75